W0205064

Dekorieren mit Marzipan

Dieses Buch ist Guido Jans gewidmet. Es ist auf seine Anregung hin entstanden, und er erdachte und schuf auch die reizenden Marzipanfiguren dafür. Leider hat er die Fertigstellung des Buches nicht mehr erleben dürfen.

Guido Jans

Dekorieren mit Marzipan

Fotografie: Michel De Meyer

Weltbild

Vorwort

In diesem Buch möchte ich verschiedene Techniken und Möglichkeiten vorstellen, mit denen man Marzipanfiguren zeitgemäß und unkompliziert herstellen kann. Handgemacht und doch rationell.

Natürlich sind ein paar Ausnahmen dabei, die etwas mehr Aufwand erfordern. Aber das ist kein Grund, beim ersten Versuch aufzugeben! Lassen Sie Ihrer Phantasie freien Lauf und machen Sie es, so gut Sie können. Versuchen Sie nicht, die Figuren exakt nachzubilden: Jeder geht individuell an die Sache heran und drückt sich auf seine Weise kreativ aus.

Man muss nicht unbedingt ein Künstler sein, aber eine gewisse Affinität zu Marzipan kann nicht schaden. Damit die Figuren möglichst harmonisch wirken, sind einige Regeln zu befolgen.

Sehr wichtig ist mir der Hinweis auf das richtige Marzipan – echtes, gutes Qualitätsmarzipan. Auf Rezepte und Herstellung möchte ich nicht ausführlicher eingehen, da in Fachzeitschriften, in einschlägigen Ausbildungseinrichtungen und auch im Internet Rezepte in großer Zahl zu finden sind.

Ein wirklich hochwertiges Marzipan ist das Lübecker Marzipan. Es wird mit leicht gerösteten Mandeln hergestellt und schmeckt folglich intensiver. Ich verwende davon die Sorte 60/40 (60% Zucker und 40% Mandeln) mit Invertin, weil dieses Marzipan länger weich bleibt. 50%iges Marzipan ist schwieriger zu verarbeiten und zu weich für Figuren.

Die meisten werden Marzipan wohl nicht selbst herstellen können, denn nicht jeder hat die entsprechenden Geräte, beispielsweise ein Walzwerk, zur Verfügung. Auch die Lagerung ist gar nicht so einfach: Temperatur, Licht, Hygiene und viele andere Faktoren müssen peinlich genau eingehalten werden. Dem geschickten Laien wird es nicht schwerfallen, die Figuren aus diesem Buch nachzubilden. Der Konditor, der Marzipan in sein Sortiment aufnehmen möchte, hält sich am besten an die folgenden Regeln:

- Gestalten Sie Ihr Arbeitsumfeld so, dass es die Arbeit nicht erschwert. Idealerweise ist ein hygienisch einwandfreier Raum, in dem ausschließlich Marzipan verarbeitet wird. Wer zu schwitzenden Händen neigt, sollte Gummihandschuhe tragen.
- Damit das Arbeiten angenehm ist, achte man auf eine korrekte Körperhaltung.
- Bearbeiten Sie das Marzipan möglichst nicht zu lange. Es verändert seine Konsistenz, sondert Öl ab und sieht mit der Zeit nicht mehr schön aus.
- Damit die Herstellung von Marzipanfiguren für Sie rentabel ist, fertigen Sie stets etwa 50 Rümpfe und Köpfe nacheinander an. So „verkünsteln" Sie sich nicht und sehen in angemessener Zeit ein Ergebnis.
- Da der Kunde keine überflüssigen Details möchte und die Figuren appetitlich aussehen sollen, ist es ratsam, mit Lebensmittelfarben zu arbeiten. Das kann mitunter lustig aussehen, zum Beispiel bei übertrieben dicken, roten Lippen.
- Die Wangen der Marzipanpuppen werden mit der Spritzpistole farblich betont.
- Das Wichtigste an der ganzen Figur sind natürlich die Augen. Nehmen Sie sich also genügend Zeit dafür! Der Blick muss sprechen. Die Eiweißglasur (mit Eiweiß angesetzter Zuckerguss) darf weder zu hart noch zu weich sein, damit glatte Kügelchen entstehen. Setzen Sie die schwarzen Pupillen genau an die richtige Stelle, sodass beide Augen in dieselbe Richtung schauen. Auch zu klein dürfen die Augen nicht werden.
- Zum Schwarzfärben der Eiweißglasur mischen Sie etwas schwarzes Kohlepulver unter, das man preiswert in der Apotheke bekommt. Man kann dazu natürlich auch Schokolade nehmen.
- Achten Sie darauf, dass alle Teile schön fest sitzen, damit sich die Figur beim Hantieren oder Einpacken nicht in Wohlgefallen auflöst.
- Setzen Sie daher alle Teile so schnell wie möglich zusammen, bevor der Kern (vorgefertigtes Element aus Schokolade oder Marzipan) trocken ist. Später kann man die Teile auch mit Sirup, Eiweiß oder Kakaobutter ankleben.
- Vor dem Austrocknen schützen wir unsere kleinen Meisterwerke mit erwärmter Kakaobutter (+55°C), die mit dem Zerstäuber oder dem Pinsel aufgetragen wird, oder wir verwenden einen guten Lebensmittellack auf der Basis von Gummiarabikum.

Guido Jans

Ich bin stolz, dass mein Freund Guido mich um ein Vorwort für dieses köstliche, verspielte und zugleich wertvolle und nützliche Buch gebeten hat.

Guidos Vorliebe für Marzipan ist in den Niederlanden, in Japan, Frankreich, Deutschland und vielen anderen Ländern bekannt. Aus seinen knappen Äußerungen konnte man stets den Stolz auf seinen Beruf und sein umfassendes Wissen heraushören. Beides war so typisch für ihn! Guidos Begeisterung wirkte immer ansteckend, und mit diesem Buch bietet er Laien und Profis die Möglichkeit, sich in der Marzipanverarbeitung zu perfektionieren. Oder schmunzelnd zu schmökern...

Der moderne Konditor, der gern und zügig arbeitet, hält mit diesem Buch einen echten Schatz voller guter Tipps und Ideen in den Händen. Guido hat wie ein Künstler lustige, kuriose oder niedliche Figuren aus der königlichen Süßigkeit Marzipan geschaffen.

Vor Ihnen liegt das Marzipanbuch schlechthin - ein wundervolles Geschenk und gewissermaßen ein Lobgesang auf Guidos Arbeit. Die anschaulichen Fotos und die Anleitungen machen das Nacharbeiten leichter und angenehmer.

An diesem Marzipanbuch, mein lieber Guido, werden wir unsere Freude haben. Es erzählt anrührend von dem inspirierenden Menschen, der du warst und der uns allen so fehlt. Ich gratuliere dir dazu und danke dir von ganzem Herzen.

Paul Provoost
Vorsitzender Richemont Séniors Belgium
Ehrenvorsitzender Internationaler Richemont-Club

MARZIPAN ZUM GENIESSEN

Mit großem Vergnügen lege ich allen Fachkollegen und Genießern die Marzipanfiguren von Guido Jans ans Herz.

In meiner Eigenschaft als fachtechnischer Berater der Vereinigung der besten Konditoren der Niederlande kenne ich den besonderen und unverwechselbaren Stil von Guido Jans' Arbeiten seit vielen Jahren.

Marzipan ist zunächst einmal etwas ganz Köstliches: beste Mandeln mit genau der richtigen Menge Zucker für wohlschmeckende Patisserie. Doch daneben bietet es den Konditoren die Möglichkeit, sich als Designer zu verwirklichen. In Stil und Technik waren Guidos pfiffig-unkomplizierte Marzipangebilde immer etwas ganz Besonderes. Die Figuren, die er für dieses Buch fertigte, sprechen Bände und sind bisweilen auch wunderbar spitzbübisch. Sie sorgen für gute Laune und bringen die Menschen zum Lachen, was dem Marzipan einen sehr willkommenen zusätzlichen Wert verleiht.

Verbrauchsgüter sind immer im Rahmen der Möglichkeiten zu gestalten, die das Material – in unserem Fall Marzipan – zulässt. Die geschmackliche Qualität des Grundmaterials darf nicht beeinträchtigt werden. Deshalb kann man Marzipan auch nicht so modellieren wie beispielsweise Ton. Die Techniken, die hier zur Anwendung kommen, vermitteln jungen Berufskollegen nicht nur die richtige Handhabung von Arbeitsgeräten und Hilfsmitteln, sondern auch Spaß an der Arbeit mit Marzipan und sie sind Anreiz und Ansporn für eigene weiterführende schöpferische Experimente.

Guido Jans' Figuren sind und bleiben eine Augenweide. Sie geschenkt zu bekommen und zu verspeisen war immer ein Genuss.

Dieses Buch ist eine praxisnahe Ergänzung zu unseren Fachbüchern, daraus werden viele Kollegen vergnügliche Inspirationen schöpfen.

Peter de Wit

Fachtechnischer Berater von Heerlijk & Heerlijk, Niederlande

Freund und Kollege von Guido Jans

Inhalt

Marzipan

Marzipan beflügelt seit Jahrhunderten die Phantasie der Menschen. Die Konstanten bei der Marzipanbereitung sind Mandeln und Zucker. Endlos variieren hingegen kann man mit Zusätzen für Farbe und/oder Geschmack, mit Formen und Accessoires.

Geschichte

Marzipan kommt ursprünglich aus Mesopotamien, dem Land zwischen Euphrat und Tigris im Nahen Osten. Aller Wahrscheinlichkeit nach verwendete man dazu einst Honig, der mit fein gemahlenen Mandeln zu einer geschmeidigen Paste verarbeitet wurde.
Diese Paste brachten die Kreuzfahrer mit nach Europa und so wurde sie auch bei uns bekannt und beliebt. Auf der Iberischen Halbinsel hatten die Mauren das Marzipan zu dieser Zeit bereits eingeführt; es war eine heiß begehrte und teure Süßigkeit, denn Zucker und Mandeln waren damals kostbare Zutaten.
Im Mittelalter stellte man Marzipan mit Rohrzucker her und verkaufte es nur in Apotheken. Man mischte Farb- und Geschmacksstoffe bei, pries – häufig zu Unrecht - die heilende Wirkung von Marzipan und verlangte hohe Preise dafür.
Die enorme Steigerung der Zuckerproduktion im Lauf der Jahrhunderte hat zweifellos dazu beigetragen, dass Marzipan mit der Zeit populärer und erschwinglich wurde. Nach wie vor aber erfreut sich die besondere Leckerei großer Beliebtheit bei festlichen Anlässen. Schon Leonardo da Vinci zauberte vergängliche Marzipankunstwerke für die Tafeln von Königen und Adeligen. Und auch heute werden aus der köstlichen Knetmasse wichtige Ereignisse unseres Lebens nachgebildet. Wohl jeder von uns verbindet schöne Erinnerungen mit Marzipan: den bunten Teller zu Weihnachten, eine Festtagstorte, Feste mit Freunden und Verwandten und leckerem Marzipan, die verführerischen Schaufenster einer Konditorei...

Rezepte

In der Konditorei oder in der Backabteilung des Supermarkts kann man Marzipan gebrauchsfertig kaufen. Es wird professionell hergestellt und lässt sich perfekt verarbeiten.

Wer sein Marzipan selbst herstellen möchte, findet im Folgenden einige Rezepte. Geschälte Mandeln gehören in jedem Fall dazu.

KALTES REZEPT ODER SOGENANNTES 1/1-REZEPT

1 kg Mandeln
1 kg Zucker
1 kg Puderzucker ohne Stärke, damit die Masse nicht zu gären beginnt
1/2 Teelöffel Orangenblütenwasser

Die Mandeln und den Zucker mischen und fein mahlen. Zu einer glatten Masse verkneten und den Puderzucker nach und nach in kleinen Mengen hinzufügen.
Zum Schluss das Orangenblütenwasser zugeben und das Ganze tüchtig weiterkneten.

Anmerkung:
Auch aus bereits gemahlenen Mandeln kann man Marzipan herstellen. Dazu die gleichen Mengen verwenden und zwei Eiweiß hinzugeben.
Weiterkneten, bis ein homogener Teig entstanden ist.

KOCH-REZEPT

1 kg Mandeln
1,8 kg Zucker
200 gr Glukose
600 gr Zucker

Ein Viertel des Zuckers und die Glukose in zwei Deziliter Wasser geben und auf mindestens 118°C und höchstens 125°C erwärmen. Die Mandeln mit drei Vierteln des Zuckers grob mahlen.
Die Zucker-Glukose-Lösung in einem feinen Strahl unter die gemahlenen Mandeln und den Zucker geben und zu einer glatten Masse verrühren.
Beachten Sie: Je wärmer die Zucker-Glukose-Lösung ist, umso fester wird das Marzipan.

Färben

Farbiges Marzipan verschönert Ihre kleinen Werke. Dazu wird die Marzipanmasse entweder durchgefärbt oder die Figur bemalt.

Wird die Masse vor dem Modellieren gefärbt, geben Sie die Farbe immer nur tropfenweise zu, damit Sie die Wirkung der Farbe auf die jeweilige Menge Marzipan verfolgen können. Kneten Sie die Masse erst gut durch, bevor Sie noch mehr Farbstoff zugeben.
Zur farblichen Gestaltung fertig modellierter Figuren benutzen Sie am besten eine Spritzpistole.
Wichtig ist, dass Sie beim Färben stets schrittweise arbeiten. Tragen Sie niemals zu viel Farbe auf einmal auf.

Aufteilen

Für den professionellen Bereich gibt es Maschinen und Apparate, mit denen man immer gleiche Mengen abmessen kann. Damit ist insbesondere bei der Serienproduktion ein konstantes Ergebnis garantiert.
Der Hobbykonditor muss immer daran denken, dass große Figuren schwieriger herzustellen sind als kleine. Zum Ausbalancieren schwerer Elemente braucht es mehr Wissen und Erfahrung.

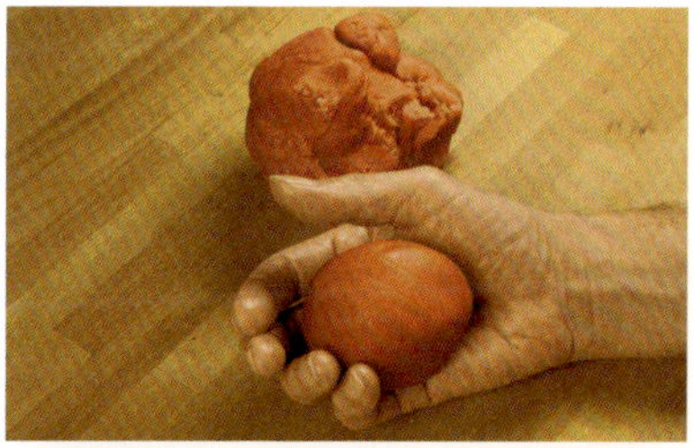

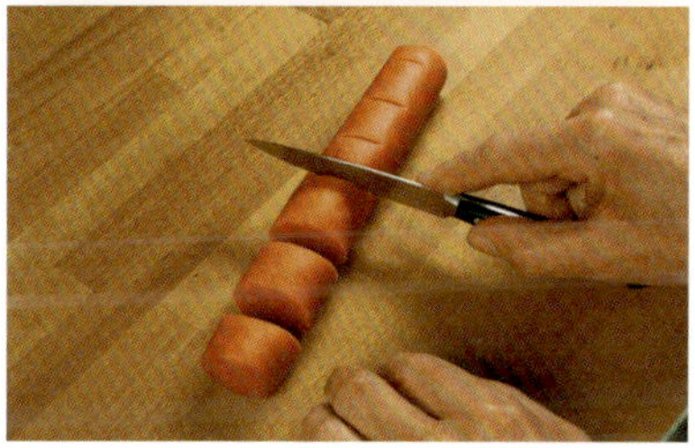

Grundformen

KUGEL
Die gewünschte Menge Marzipan zwischen den Händen zu einer ebenmäßigen Kugel rollen.
Die Hände dabei möglichst waagerecht halten.

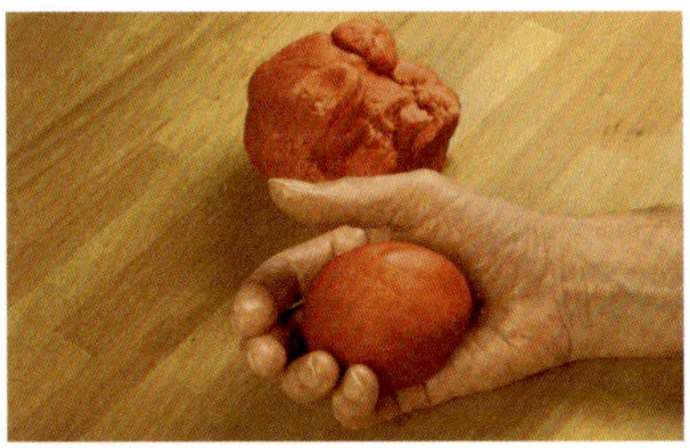

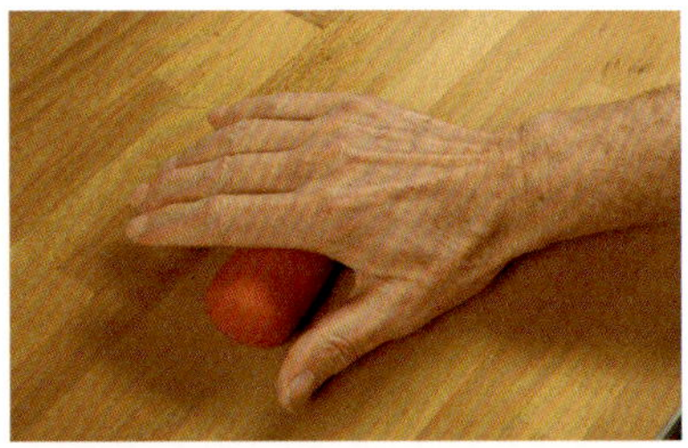

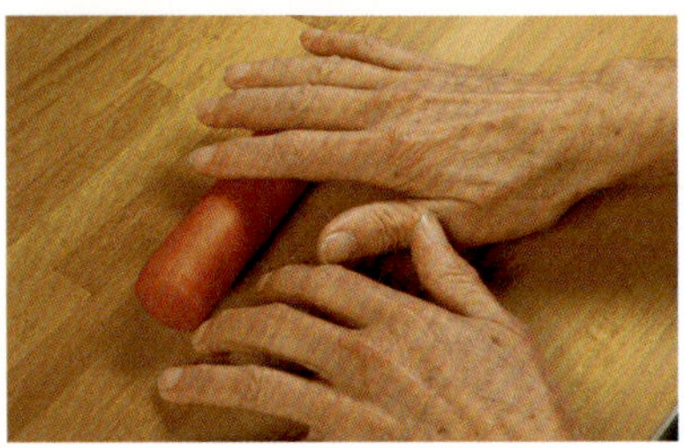

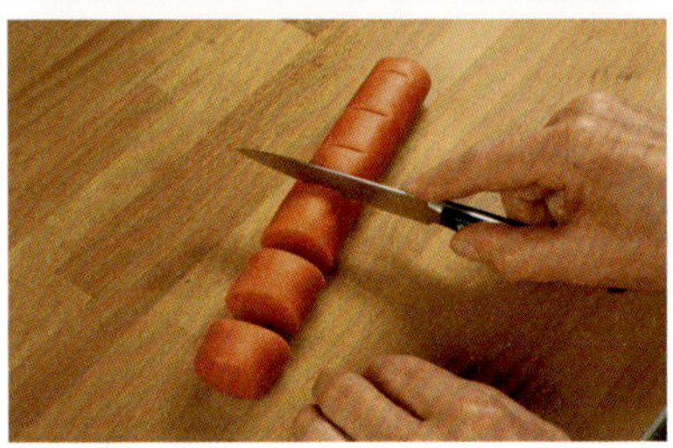

STAB
Mit der waagerecht gehaltenen Hand die gewünschte Menge auf einer geraden Arbeitsfläche rollen.
Mit mehr Druck wird der Stab länger.

Unter einem Brettchen gerollt wird der Stab schön gleichmäßig und lang.

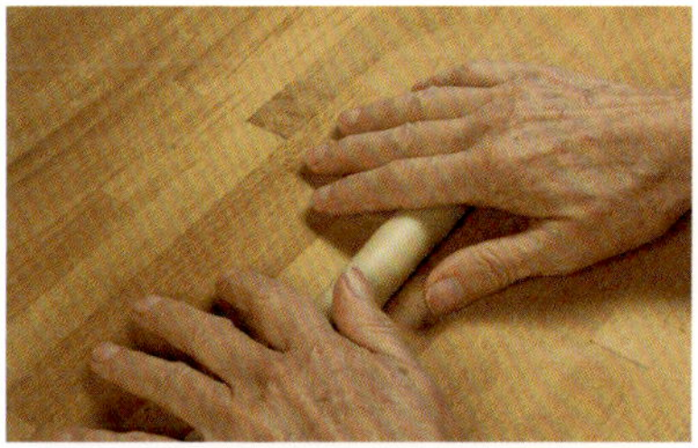

KUGEL MIT SPITZE
Mit einer runden Kugel beginnen und diese zwischen den Handkanten rollen; unter leichtem Druck eine Spitze ausformen, die zu Ihren Handgelenken zeigt.

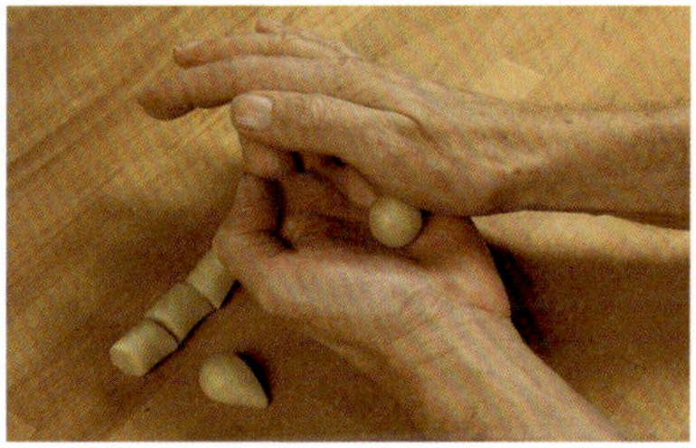

BIRNENFORM
Mit einer ebenmäßigen Kugel beginnen. Das Marzipan mit beiden Händen unter leichtem Druck zwischen Handwurzel und Handgelenk zu einer Birne formen.

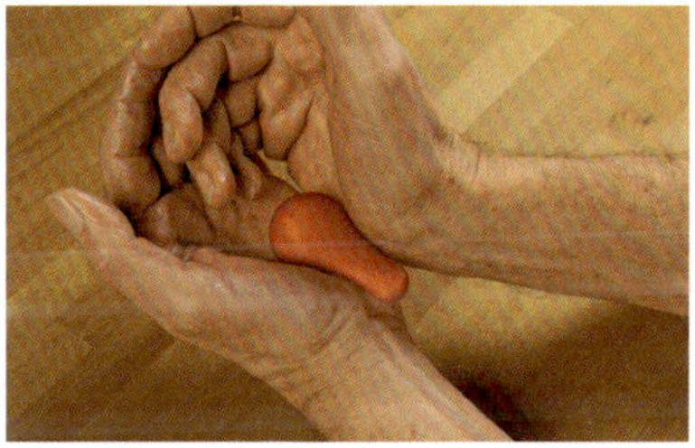

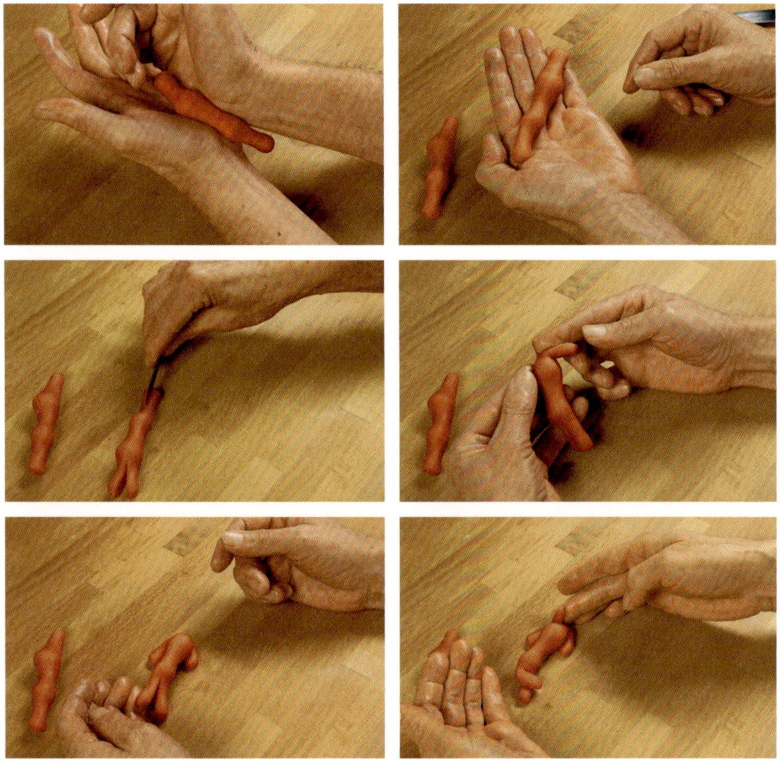

KÖRPERFORMEN

Körper, einfache Variante

Zunächst eine Kugel zu einer Birne formen, drehen und dem anderen Ende die gleiche Form geben.
Beide Enden mit einem scharfen Messer einschneiden.
Weiter zu einer sitzenden oder liegenden Gestalt modellieren.
Eine Figur mit gespreizten Beinen hat später einen stabileren Stand.

Körper, schwierigere Variante

Aus einer ebenmäßigen Kugel mit beiden Händen unter sachtem Druck zwischen Handwurzel und Handgelenk eine Birne formen. Die Figur um 90° drehen und eine zweite Extremität herausbilden; dabei stets zum eigenen Körper hin arbeiten. Die Figur umdrehen und wiederum zwei Gliedmaßen nebeneinander formen. Die Figur zu einer sitzenden oder liegenden Gestalt modellieren.

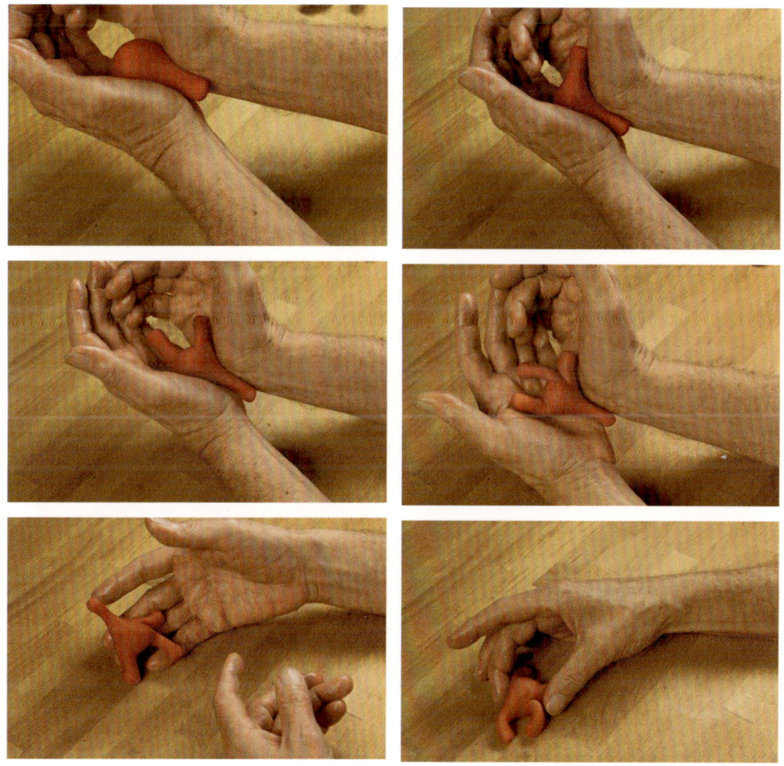

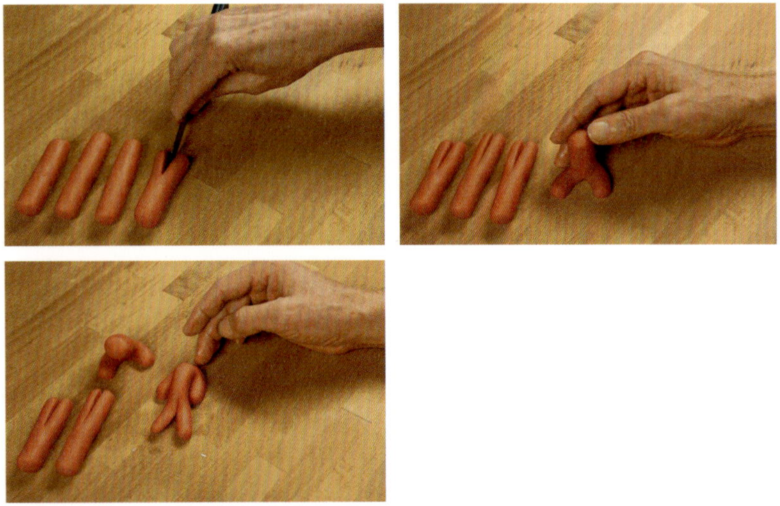

Stab als Körper

Mit einem Brettchen einen ebenmäßigen Stab rollen.
Den Stab mit einer Schere an beiden Enden einschneiden und daraus eine liegende oder stehende Figur formen.

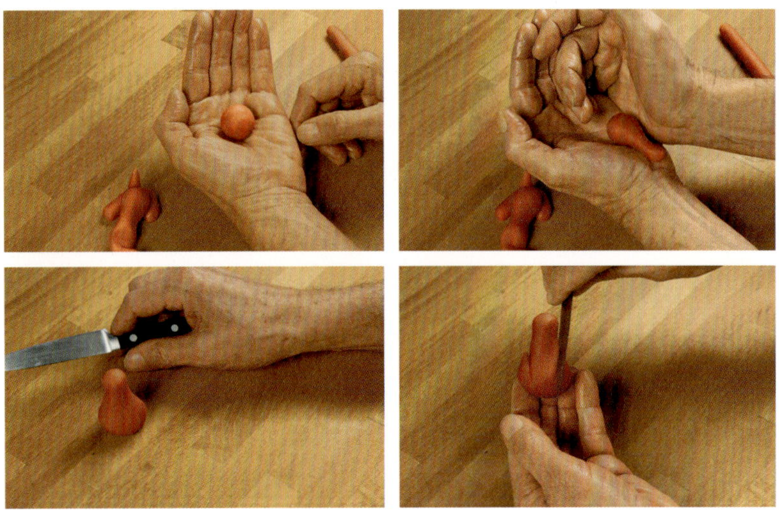

Sitzender Körper

Mit einer ebenmäßigen Kugel beginnen. Daraus eine Birne formen und mit einem scharfen Messer an deren Seiten die Schenkelkonturen einschneiden.

KOPFFORMEN

Hund

Mit einer ebenmäßigen Marzipankugel beginnen und diese unter leichtem Druck zu einer Birne formen, um 90° drehen und den Arbeitsgang wiederholen.
Den mittleren Teil zwischen den Handgelenken zu einer Spitze rollen und die Ohren vorsichtig zwischen Daumen und Zeigefinger in Form bringen.
Den Kopf behutsam auf dem Körper befestigen.
Mit einem spitzen Messer die Augen gestalten und eine kleine Kugel auf die Nase setzen.

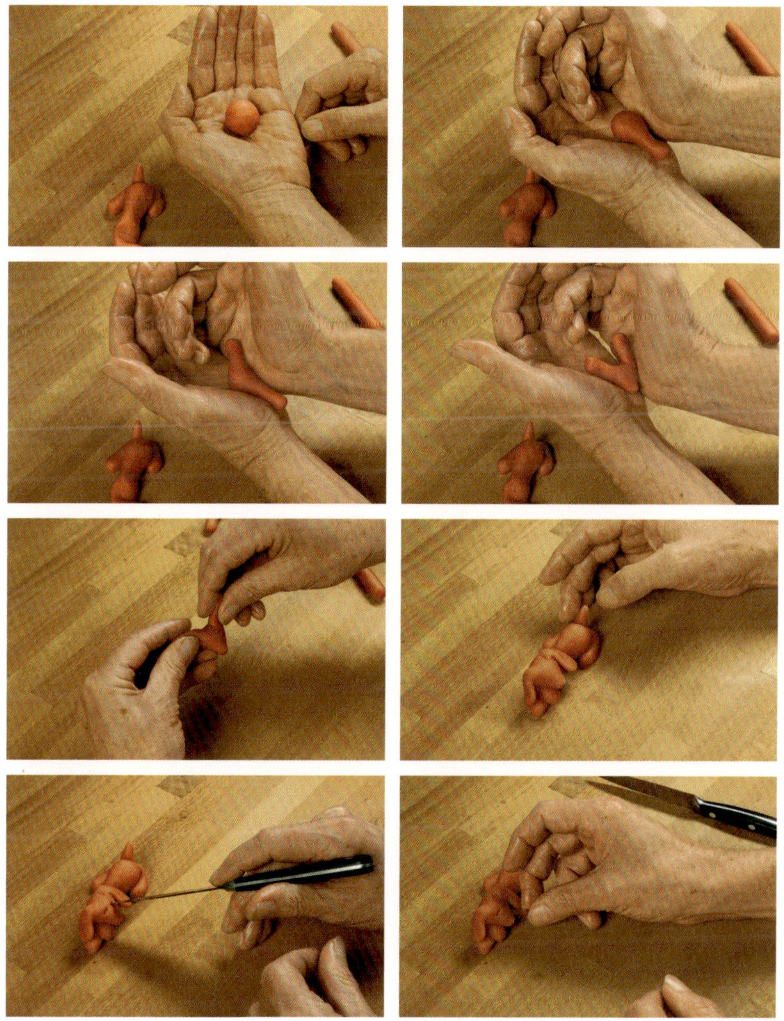

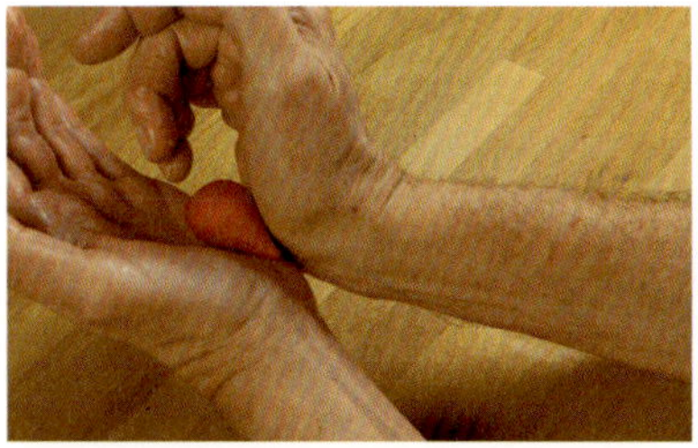
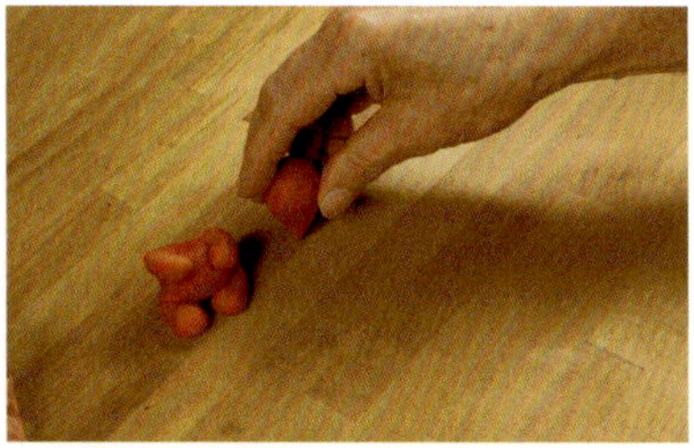
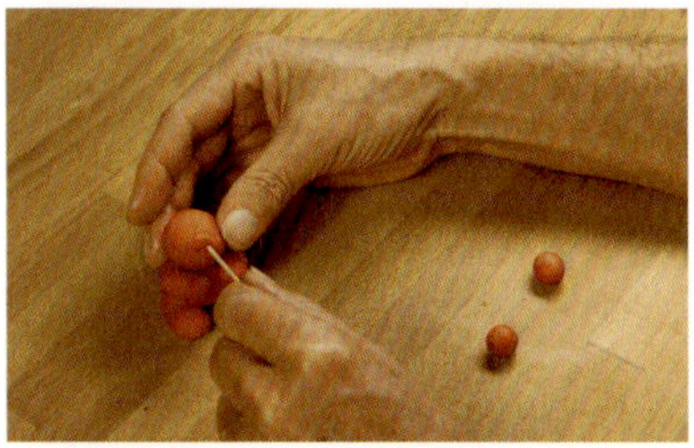

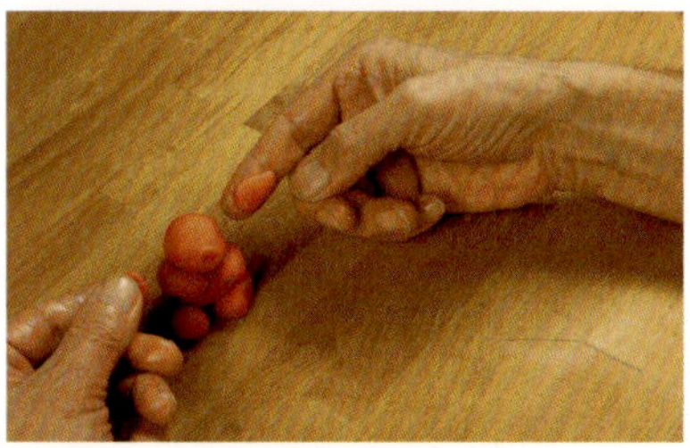
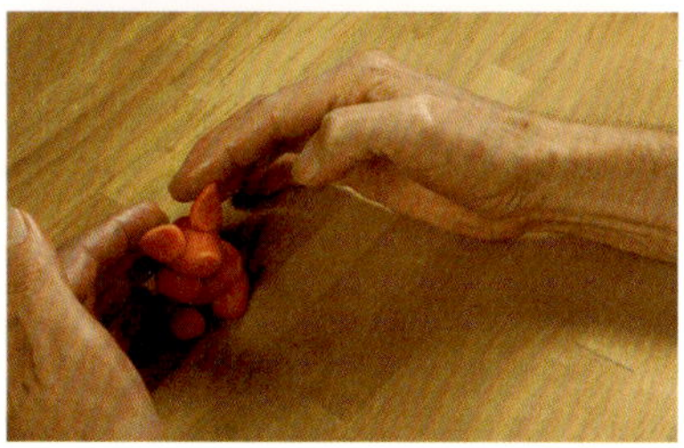
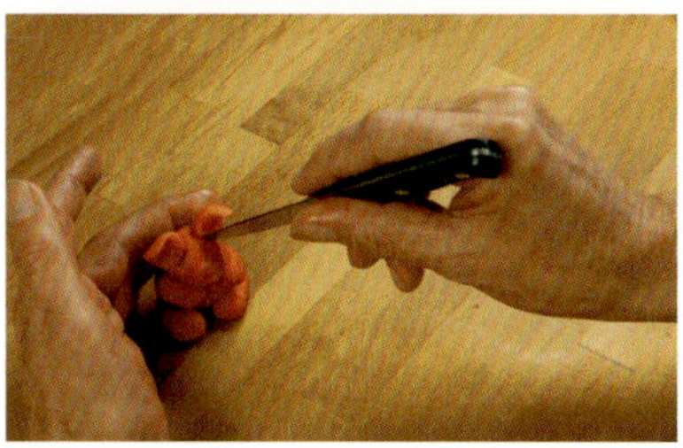

Schweinchen

Zunächst eine Birne formen und die Spitze – die spätere Schnauze - auf der Arbeitsfläche vorsichtig etwas platt drücken.

Den Kopf fest auf den Rumpf setzen.

Mit einem Zahnstocher die Rüssellöcher eindrücken. Für die Ohren zwei kleine Kugeln zwischen Daumen und Zeigefinger plattdrücken, am Kopf ansetzen und leicht nach vorn biegen.

Mit einem spitzen Messer die Augen gestalten.

Katze oder Fuchs

Aus einer gleichmäßigen Kugel eine spitze, aber kurze Birne formen.
Die Figur um 90° drehen, diese Seite auf die gleiche Art formen – und fertig sind die Ohren.
Den Mittelteil ebenfalls zur Spitze formen und mit einem spitzen Messer die Augen einkerben.

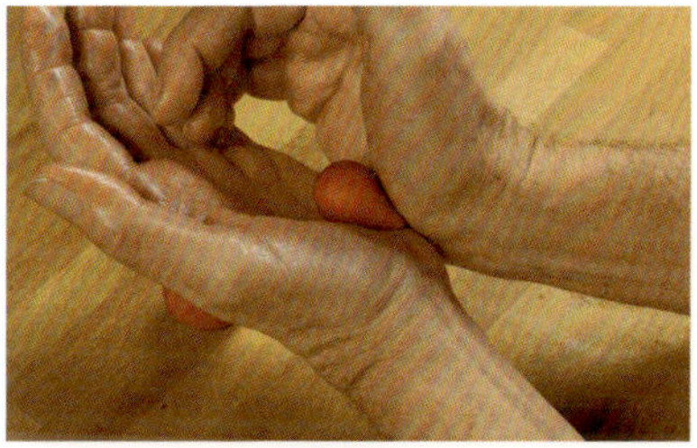

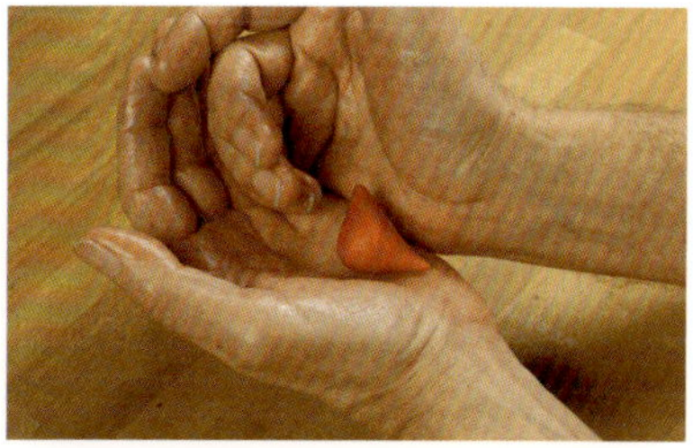

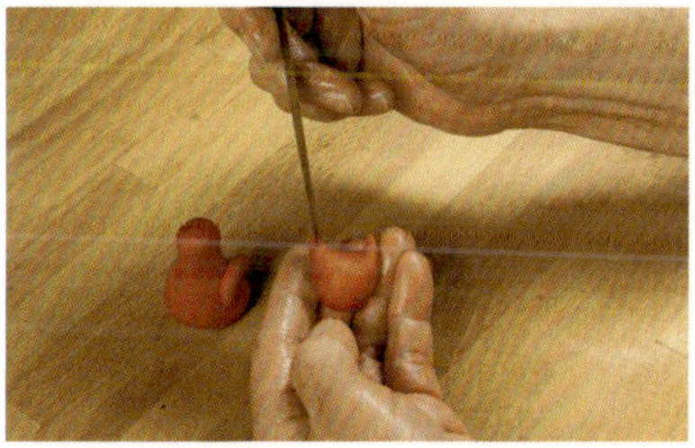

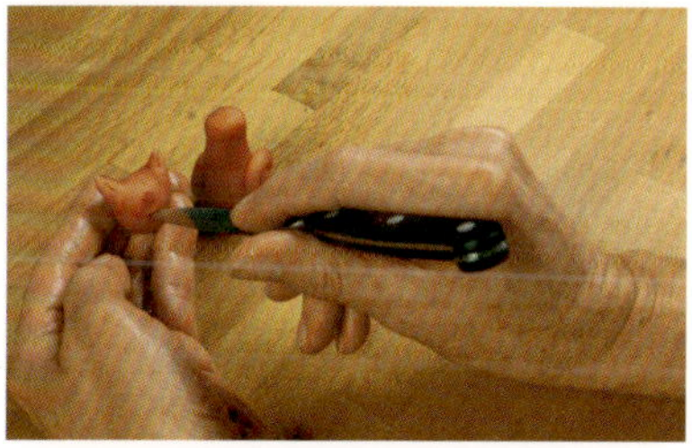

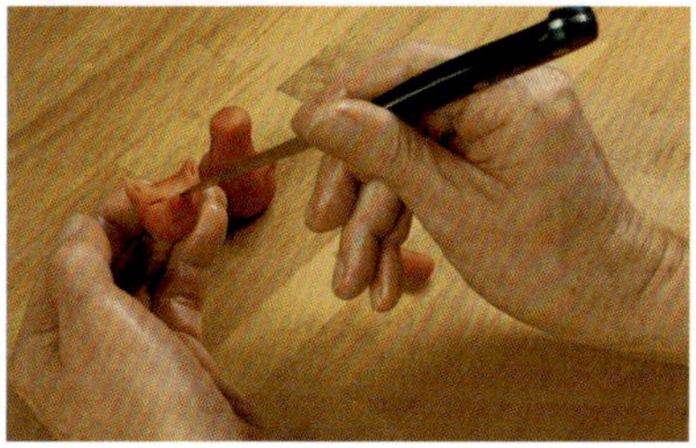

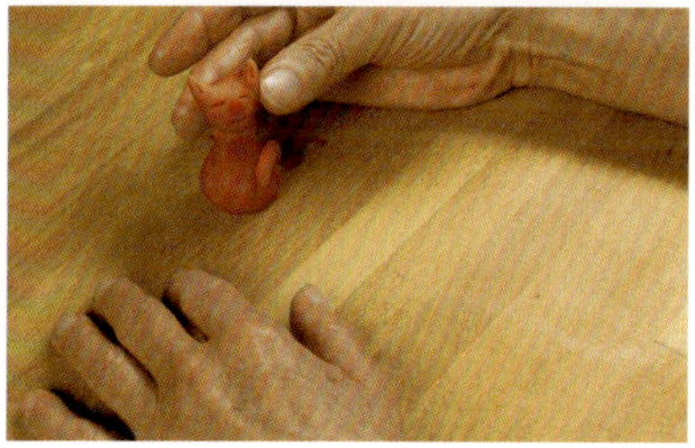

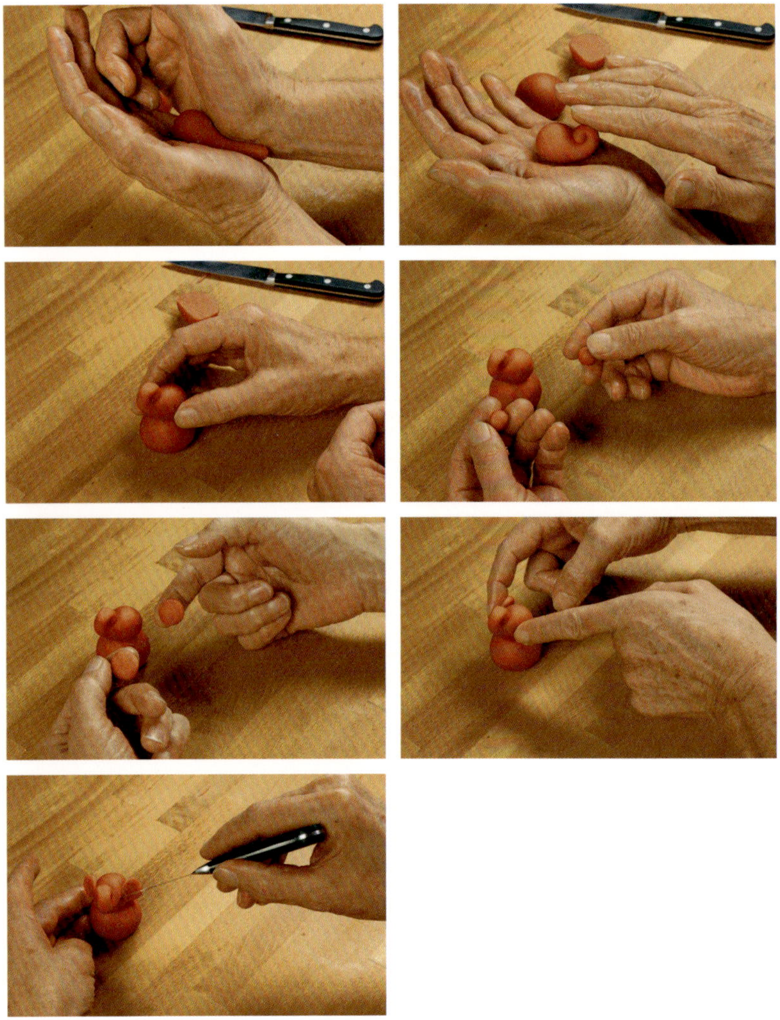

Elefant

Aus einer gleichmäßigen Kugel eine spitze, lang gezogene Birne formen. Die Spitze als Rüssel aufrollen.
Zwei kleine, gleichmäßige Kugeln zwischen Daumen und Zeigefinger flach drücken und als Ohren beiderseits fest an den Kopf setzen.
Die Augen mit einem spitzen Messer einkerben.

TULPE

Pro Tulpe werden zwei Kugeln mit Spitze benötigt.
Die Kugel für die Blüte kreuzweise und die Kugel für die Blumenblätter ein Mal einschneiden.
Beide Teile mit einem Stück Spaghetti oder einem Zahnstocher zusammenfügen.

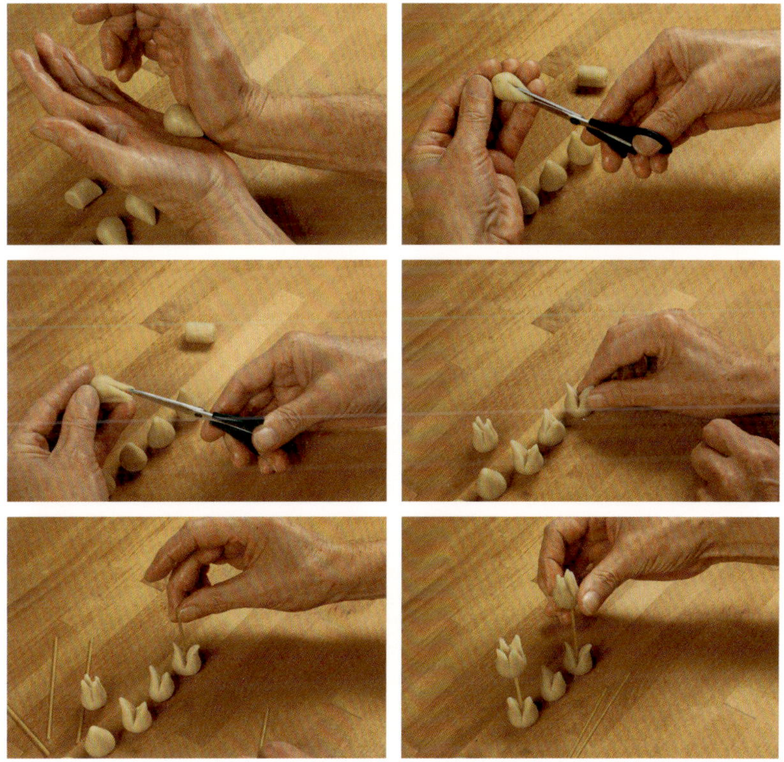

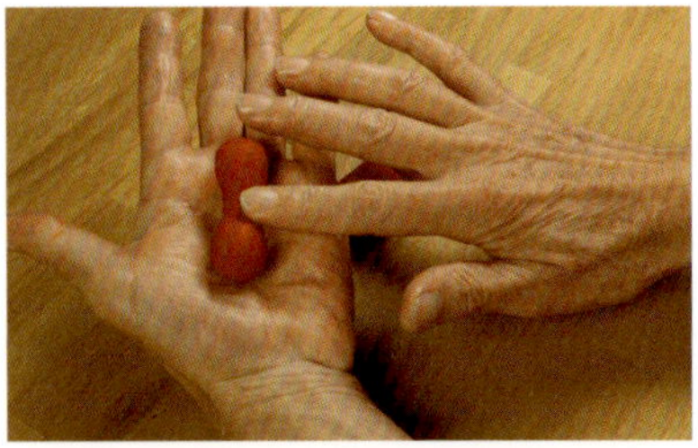

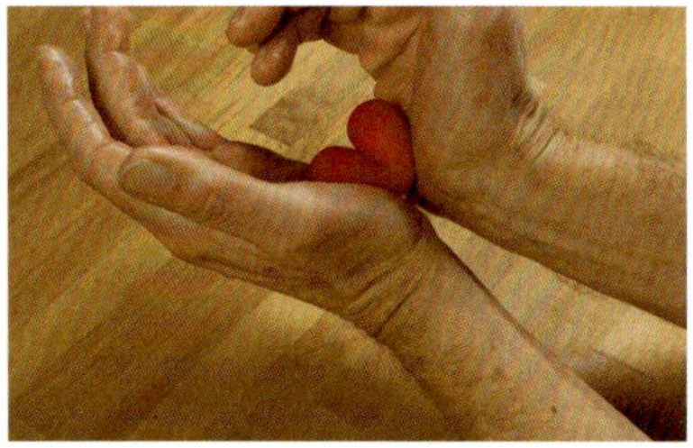

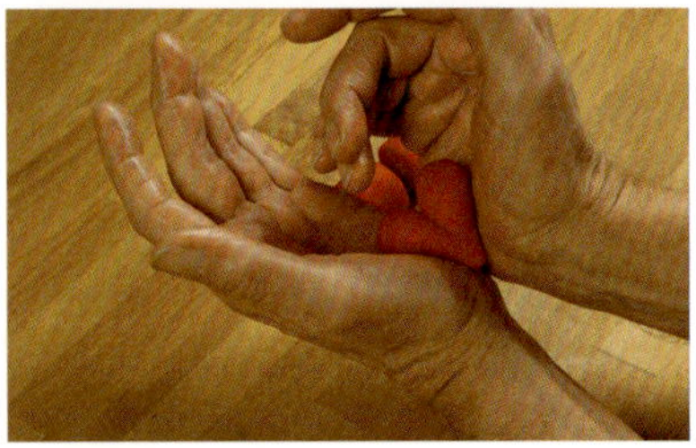

HERZ

Eine gleichmäßige Rolle formen und auf Ihre Handfläche legen.
Die Mitte behutsam flach drücken und die Rolle an der flachen Stelle zusammenlegen.
Durch sanften Druck mit beiden Handflächen das Herz schön ebenmäßig modellieren.

SOCKEL

Schokolade im Wasserbad schmelzen.
Ungezuckerten Puffreis einrühren; für einen intensiveren Geschmack gemahlene Nüsse zugeben.
Auf Backpapier flache Plätzchen formen.
Fest werden lassen.

Hilfsmittel zum Modellieren

Förmchen und Modellierstäbchen.

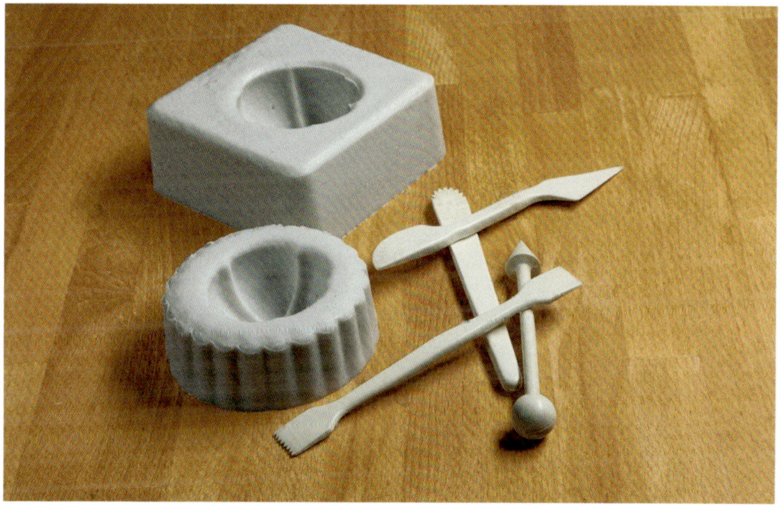

Anleitungen

Eine kleine Menge Marzipan braun färben.

Die Bärchen nach der Beschreibung auf Seite 17 formen.

Aus dem braunen Marzipan kleine Kugeln rollen und auf die Nasen setzen.

Die Augen aus Zuckerguss fertigen.

Das Ganze mit Zuckerherzen verzieren.

Bären zum Valentinstag

Liebeserklärung mit Kapelle

Hier werden alle Figuren um einen zylinderförmigen
Schokoladen- oder Marzipankern herum gestaltet.

Marzipanmasse für Kopf und Hände rosa färben.
Für die Jacke des verliebten Jungen ausreichend Marzipan gelb färben.
Für die Jacken der Musiker Marzipan braun färben.
Für die Köpfe gleichmäßige Kugeln herstellen, aus kleinen Kugeln Nasen,
Münder und Ohren formen und ansetzen.
Die Köpfe an den Schokoladen- oder Marzipankernen befestigen.
Das Marzipan für die Jacken ausrollen.
Arme in der Jackenfarbe sowie rosa Hände formen und ansetzen.
Mit Zuckerguss verzieren und das kleine Stillleben mit
Blume und Instrumenten vervollständigen.

Valentinsfiguren mit Herz

Aus Puffreis und Schokolade einen Sockel anfertigen (siehe Seite 24) und fest werden lassen.

Marzipan für die Haare in den gewünschten Farben und für das Herz rot färben.

Das Paar nach der Beschreibung auf Seite 17 modellieren.

Das Marzipan für die Haare durch die Knoblauchpresse drücken, Frisuren gestalten.

Mit Zuckerguss weiter verzieren.

Aus dem roten Marzipan nach der Beschreibung auf Seite 24 das Herz formen.

Jedes Element für sich auf einen Sockel setzen.

Für den Schwanz und die Ohren Marzipanmasse braun färben.
Eine Kugel mit Spitze formen wie auf Seite 15 beschrieben und vorsichtig ein wenig andrücken, damit sie liegen bleibt.
Den Schwanz und die Ohren modellieren und an den Körper setzen – fertig ist ein Mäuschen.

Mäuse

Eule

Für den Schnabel und die Brauen jeweils ein wenig Marzipan gelb und braun färben.

Für den Kopf eine ebenmäßige Kugel und für den Körper eine flache Ellipse aus Marzipan formen.

Kopf und Körper mit einem Zahnstocher verbinden.

Mit einem Modellierstäbchen kleine Vertiefungen in den Körper drücken und das Gesicht gestalten.

Mit dem gefärbten Marzipan Schnabel und Augenbrauen, mit Zuckerguss die Augen gestalten.

Pilz

Eine ausreichende Menge Marzipan rot färben und daraus den Pilzhut formen.
Für den Stiel eine Birne formen und deren Spitze abschneiden.
Den Pilzhut auf den Stiel setzen, andrücken und mit Farbe und Zuckerguss fertigstellen.

Für den Körper entsprechende Marzipanmengen gelb und grün färben.
Den Rest für den Kopf rosa färben.
Aus dem grünen Marzipan die Beine, aus dem gelben Marzipan den Oberkörper und die Arme formen.
Körper und Beine zusammensetzen.
Etwas rosa Marzipan beiseitelegen; aus dem Rest eine ebenmäßige Kugel rollen und auf den Körper setzen.
Aus zwei kleinen rosa Marzipankugeln Nase und Mund bilden und den Wichtel mit Augen und Bart aus Zuckerguss vollenden.

Wichtel

Kaninchen

Eine kleine Menge Marzipan mit löslichem Kaffeepulver braun färben.
Den Rest ungefärbt verarbeiten.
Eine Kugel mit vier Gliedmaßen formen wie auf Seite 17 beschrieben.
Für den Kopf eine Birne formen und deren Spitze einschneiden, sodass zwei Ohren entstehen.
Diese mit einem Modellierstäbchen weiter gestalten und den Kopf auf dem Körper befestigen.
Das Gesicht mit Augen aus schwarzem und weißem Zuckerguss versehen und einen halbkreisförmigen Mund einkerben.
Auf diese Weise ein großes und drei kleine Kaninchen herstellen und als Gruppe anordnen.

Fuchs

Eine ausreichende Menge Marzipan in leuchtendem Gelb färben.
Eine kleine Menge braun färben.
Nach der Beschreibung auf Seite 17 einen Körper formen.
Für den Kopf eine Kugel mit Spitze formen und mit einem spitzen Modellierstab die Ohren modellieren.
Aus dem braunen Marzipan eine Kugel für die Nase, die Barthaare und den Schwanz formen und die Teile entsprechend ansetzen.
Das Gesicht mit Augen aus Zuckerguss und eingekerbten Augenbrauen gestalten.

Maulwürfe

Für die Körper ausreichend Marzipan rosa und orange, für die
Pfoten und Nasen braun färben.
Die Körper aus auf Seite 15 beschriebenen Birnen formen.
Die Körper in aufrechter oder liegender Position sacht auf die Arbeitsfläche drücken.
Aus braunem Marzipan die Pfoten formen und an die Körper ansetzen.
Aus kleinen Kugeln Nasen rollen und auf die Figuren setzen.
Mit einem spitzen Messer die Augen einkerben.

Eiermännchen

Zwei halbe Schokoladen-Ostereier mit flüssiger Schokolade an der runden Seite aufeinander kleben.

Für die Hände eine kleine Menge Marzipan gelb, für die Nasen eine winzige Menge rot und das übrige Marzipan wie eine Eierschale färben.

Das eierschalenfarbene Marzipan zu Eiern formen und diese in die Eierbecher aus Schokolade setzen.

Aus dem roten Marzipan kleine Kugeln für die Nasen formen und in die Gesichter setzen.

Mit dem Pinsel Sprenkel auftupfen, Augen aus Zuckerguss anfertigen und Augenbrauen und Mund mit dem Messer einkerben.

Die Hände modellieren und an den Löffeln befestigen.

Ostern

Henne und Hahn

Ostern

Für den Hahn ein Schokoladenei liegend auf einem Sockel befestigen.
Das Ei für die Henne aufrecht auf einen Sockel stellen.
Für die Köpfe zwei gleichmäßige Kugeln formen.
Marzipan für die Schnäbel orange, für den Kamm rot, für Flügel und Kragen rosa färben.
Für die Schnäbel je eine Kugel mit Spitze (siehe Seite 15) formen, die Spitze mit einer spitzen Schere einschneiden und die Schnäbel fest an die Köpfe drücken.
Das Marzipan für die Kämme dünn ausrollen und die Formen ausschneiden.
Kämme auf die Köpfe setzen.
Marzipan für die Kragen ausrollen und mit dem Messer in Form bringen.
Die Kragen auf die Eier legen und dann die Köpfe an ihren Platz setzen.
Die Flügel des Hahns formen und die Szene mit Ostereiern schmücken.

Enten

Marzipanmasse gelb färben.
Aus zwei Dritteln der Masse eine Kugel mit Spitze formen und schräg auf dem Sockel festdrücken.
Eine kleine Menge Marzipan für die Flügel aufheben und aus dem Rest den Kopf formen: Eine Kugel mit Spitze herstellen, die Spitze für den Schnabel flach drücken und mit einem Messer den Gesichtsausdruck herausarbeiten.
Die Flügel formen, Kopf und Flügel am Körper festdrücken.
Mit Zuckerguss die Augen anfertigen und die Ente abschließend mit Farbe gestalten (Orange).

Ostern

Oster hase

Ostern

Einen Sockel herstellen (siehe Seite 24) und darauf ein großes, spitz zulaufendes Schokoladen- oder Marzipanei setzen, fest werden lassen.
Eine Kugel mit Spitze formen. Mit einer Schere die Ohren einschneiden und diese mit den Fingern weiter gestalten.
Für Nase und Mund kleine glatte Kugeln rollen und die Hände formen.
Die Hände am Körper ansetzen und den Hasen mit Zuckerguss, Farbe und Accessoires verzieren.

Schweinchen

Marzipanmasse rosa färben.

Einen Körper mit vier Gliedmaßen formen wie auf Seite 17 beschrieben.

Den Körper in die gewünschte Haltung bringen.

Für den Kopf eine Birne formen und deren Spitze flach drücken wie auf Seite 20 beschrieben.

Mit einem scharfen Messer die Schnauze einschneiden.

Für die Ohren zwei kleine Kugeln formen, zwischen Daumen und Zeigefinger platt drücken und beiderseits am Kopf ansetzen.

Aus weißem und schwarzem Zuckerguss die Augen herstellen und mit einem Zahnstocher die Rüssellöcher eindrücken.

Mit allen Accessoires verzieren.

Hund mit Welpen

Ausreichend Marzipanmasse für Ohren und Nasen braun färben.
Einen großen und drei kleine Körper formen wie auf Seite 17 beschrieben.
Einen großen und drei kleine Köpfe modellieren und auf die Körper setzen.
Aus dem braunen Marzipan Nasen, Ohren und Unterkiefer formen,
fest an den Köpfen ansetzen.
Für die Augenpartie Vertiefungen eindrücken, aus Zuckerguss die Augen anfertigen.

Eine Kugel zur Birne formen wie auf Seite 15 beschrieben.
Für die Flügel die Birne mit einem spitzen Messer einschneiden, den Kopf etwas flach drücken. Die Figur mit der Rückenseite in flüssige Schokolade tauchen und die Schokolade fest werden lassen.
Aus Zuckerguss Schnabel und Augen anfertigen.

Pinguin

Vier Eisbären

mit Skiern im Schnee

Eine kleine Menge Marzipan braun färben.

Vier Körper (siehe Seite 17) und vier Köpfe formen.

Die Köpfe auf den Körpern befestigen.

Vier kleine braune Kugeln für die Nasen rollen.

Die Nasen in die Gesichter einfügen.

Die Köpfe auf die Rümpfe setzen und aus Zuckerguss die Augen anfertigen.

Jeden Bären mit einer Skiausrüstung ausstatten.

Marzipan grün und in den gewünschten Blütenfarben färben.
Für die Blüte und die Blätter einer Tulpe zwei Kugeln mit Spitze (siehe Seite 23) formen.
Die Spitze der Blüte mit einer spitzen Schere kreuzweise einschneiden und vorsichtig auffalten.
Die grüne Kugel für die Blätter mit einer feinen Schere einmal einschneiden, auffalten und mit einem acht Zentimeter langen Stück Makkaroni auf einem Marzipanblock feststecken.
Zum Schluss die farbige Tulpenblüte darauf setzen.

Tulpenbeet

Marienkäfer

Ebenmäßige Kugeln formen und halbieren.
Mit der Messerschneide die Linien für Kopf und Flügel einkerben.
Den Kopf jedes Käfers in geschmolzene Schokolade tauchen.
In die Flügel kleine Vertiefungen für die Punkte drücken.
Die Flügel rot färben, die Vertiefungen weiß ausmalen.
Augen aus Zuckerguss formen.

Ein wenig Marzipanmasse für die Nasen braun, die übrige Masse orange färben.
Aus dem orangefarbenen Marzipan nach der Beschreibung auf Seite 17 einen Körper formen, hier jedoch nur bis zur zweiten Extremität; aus dieser den Känguruschwanz bilden.
Die Hinterbeine formen wie auf Seite 24 (Herz) beschrieben, die beiden Hälften aber nicht zusammenlegen.
Die Hinterbeine am Rumpf ansetzen.
Den Kopf nach der Anleitung auf Seite 21 formen und fest auf den Körper setzen.
Die Pfötchen des Kängurujungen annähernd herzförmig gestalten und den Kopf so modellieren wie den der Mutter.
Für den Kängurubeutel einen Bogen formen, am Bauch der Mutter ansetzen und das Junge zwischen deren Pfoten setzen.
Die Ohren aus orangefarbenem, die Nasen aus braunem Marzipan formen und entsprechend auf den Köpfen platzieren.
Die Köpfe mit Augen aus Zuckerguss versehen.

Känguru

Nilpferd

Marzipanmasse rosa oder orange und eine kleine Menge braun färben.
Pro Tier eine gleichmäßige Kugel für den Körper formen.
Für den Kopf eine stumpfe Birnenform herstellen. Den Kopf am Körper befestigen.
Aus kleinen Kugeln die Ohren formen und an der Vorderseite des Kopfes mit einem Messer das Maul einschneiden.
Mit einem Modellierstab die Nasenlöcher eindrücken.
Die Augen aus Zuckerguss gestalten und über die Augen Marzipan-Halbmonde setzen.
Aus dem braunen Marzipan die Schwänze formen.

Elefant

Für die Ohren Marzipanmasse braun färben.

Einen Körper formen wie auf Seite 17 beschrieben.

Den Kopf nach der Beschreibung auf Seite 22 modellieren und mit Ohren aus braunem Marzipan fertigstellen.

Augen aus Zuckerguss anfertigen.

Den Kopf auf den Körper setzen.

Stachelschwein

Marzipanmasse orange färben.

Für Ohren, Schwanz und Hauer eine kleine Menge Marzipan braun färben.

Eine Kugel zur Birne formen wie auf Seite 15 beschrieben.

Die Birnenform hinlegen und leicht andrücken, damit sie nicht wegrollen kann.

Mit beiden Handkanten eine Art Kamm hochziehen und diesen mit einem scharfen, spitzen Messer zu Stacheln einschneiden.

Die Nase platt drücken und mit einem Messer die Schnauze einschneiden.

Ohren, Schwanz und Hauer aus braunem Marzipan modellieren und ansetzen.

Abschließend Augen aus Zuckerguss einsetzen.

Alpensänger

Hier werden die Figuren um ein Schokoladen- oder Marzipanei als Kern gefertigt.
Das Ei aufrecht auf einen runden Untersatz aus Schokolade oder Pappe stellen.
Für Kopf und Hände Marzipanmasse rosa färben.
Für das Haar und die Jacke extra Marzipanmasse färben.
Aus der Hälfte des rosafarbenen Marzipans eine gleichmäßige Kugel für den Kopf rollen.
Aus kleinen Kugeln Ohren, Nase und Mund formen und diese entsprechend platzieren.
Das Marzipan für das Haar durch eine Knoblauchpresse drücken und auf dem Kopf anordnen.
Den Kopf auf das Schokoladenei setzen.
Das Marzipan für Jacke und Kragen ausrollen und um den Körper drapieren.
Aus der restlichen rosafarbenen Marzipanmasse Hände formen und platzieren.
Zuckermandeln als Füße mit etwas geschmolzener Schokolade befestigen.

Geishas

Jede dieser Figuren entsteht rund um einen zylinderförmigen Kern aus Schokolade oder Marzipan.
Den Zylinder aufrecht auf einen Untersatz aus Schokolade oder Karton stellen.
Für den Kopf ein Drittel der Marzipanmasse rosa färben und zu einer gleichmäßigen Kugel rollen.
Ein Drittel der Masse in der Farbe des Mantels färben.
Den Rest zu gleichen Teilen für Haare, Arme, Kragen und Ärmel einfärben.
Den Kopf auf den Schokoladenkern setzen.
Das Marzipan für den Kimono mit einem Nudelholz ausrollen, die Kanten rund schneiden und den Kimono um den Kern herum drapieren.
Das Marzipan für das Haar durch eine Knoblauchpresse drücken und in der gewünschten Form auf dem Kopf anordnen.
Das Marzipan für die Ärmel ausrollen und an der Figur anbringen.
Die restlichen Details modellieren und zwei Zuckermandeln für die Füße hinzufügen.
Mit Zuckerguss verzieren.

Fußballmannschaft

Das Marzipan für das Spielfeld grün färben und zu einem gleichmäßigen Rechteck ausrollen; eine kleine Menge für die Grasbüschel beiseitelegen.
Fußballer und Schiedsrichter werden um einen zylinderförmigen Kern aus Schokolade oder Marzipan gefertigt.
Das Marzipan für Köpfe und Hände rosa, für die Haare gelb, braun und schwarz färben.
Außerdem genügend Marzipan für die Hemden der Spieler und des Schiedsrichters in den gewünschten Farben bzw. schwarz färben.
Für die Köpfe glatte Kugeln rollen, aus kleinen Kugeln Nasen, Münder und Ohren arbeiten.
Jeden Kopf auf einem Kern befestigen.
Das Marzipan für die Spielerhemden ausrollen und die einzelnen Stücke farblich abwechselnd aufeinanderlegen.
Von diesem Stapel Scheiben abschneiden und diese um den Kern drapieren bzw. die Arme daraus formen.
Aus rosa Marzipan die Hände gestalten.
Aus dem dunklen Marzipan auf die gleiche Weise den Schiedsrichter formen.
Das Marzipan für die Haare durch eine Knoblauchpresse drücken und die Herren frisieren.
Die Gesichter mit Augen aus Zuckerguss und etwas Wangenrot fertigstellen.
Zum Schluss aus dem restlichen grünen Marzipan Grasbüschel herstellen (Knoblauchpresse) und jedem Spieler einen Marzipanball vor die Füße legen.

Herr Professor

Der Professor wird um einen zylinderförmigen Kern aus Schokolade oder Marzipan aufgebaut.
Marzipan für Kopf und Hände rosa färben.
Eine ebenmäßige Kugel für den Kopf und kleine Kugeln für Nase und Ohren herstellen und den Kopf gestalten.
Den Kopf auf den Schokoladen- oder Marzipankern setzen.
Das Marzipan für die Jacke ausrollen, um den Kern drapieren und die Arme formen.
Aus rosa Marzipan die Hände formen und ansetzen, den Mund einkerben.
Die beiden Haarteile modellieren, auf dem Kopf befestigen und grau färben.
Das Gesicht mit Zuckerguss vollenden.
Aus Marzipanwürfeln einen oder mehrere Computer schnitzen. Mit einem Modellierstab oder einem spitzen Messer die Details herausarbeiten und zum Schluss farbig gestalten.

Für den Fahrer eine ausreichende Menge Marzipan rosa färben.
Dann genügend Marzipan für das rote Auto und die blauen Reifen färben.
Aus dem rosa Marzipan eine gleichmäßige Kugel für den Kopf rollen, aus kleinen Kugeln Nase, Mund und Ohren formen.
Aus dem restlichen rosa Marzipan Arme und Hände modellieren.
Das blaue Marzipan zu einer dicken Rolle formen und diese in vier Teile schneiden.
Mit einem Modellierstäbchen Rillen und Achse eingravieren.
Das rote Marzipan zu einem gleichmäßigen Stab rollen, an der Frontseite des Autos leicht flach drücken und die Wagenfront modellieren.
Mit einem Löffel in die Mitte des Autos eine Vertiefung für den Fahrersitz eindrücken.
Aus Pappe einen Heckspoiler basteln und dessen Oberseite mit einer dünnen Schicht aus rotem Marzipan verzieren.
Die Räder am Wagen festdrücken und den Fahrer in die Vertiefung setzen.

Formel-1-Fahrer

Die dünne Figur wird um einen spitz zulaufenden, eiförmigen Schokoladenkern gefertigt.
Für den dicken Clown zwei Schokoladenkugelhälften an der Hohlseite mit flüssiger Schokolade aneinander kleben; fest werden lassen.
Für den Kopf und die Hand des dünnen Clowns Marzipanmasse rosa färben.
Für die Jacke und die Krawatte des einen Clowns Marzipan rot, für den anderen Clown grün färben.
Das Marzipan für die Jacken ausrollen und rund zuschneiden.
Um die Kerne drapieren.
Aus dem rosa Marzipan zwei große Kugeln für die Köpfe, vier kleine Kugeln für die Ohren und eine Hand formen.
Die Ohren an die Köpfe und die Köpfe auf die Schokoladenkörper setzen.
Die Hand aus rosa Marzipan bekommt der dünne Clown.
Aus den farbigen Marzipanresten Schleifen formen und die Figuren damit verzieren.
Mit einem spitzen Messer die Augen gestalten.
Zum Schluss den Clowns Papierhüte aufsetzen – fertig!

Clowns

Nach der Beschreibung auf Seite 17 drei Körper formen.

Für die Elefantenohren und die Nasen der anderen Tiere eine kleine Menge Marzipan braun färben.

Für die Hüte jeweils eine kleine Menge Marzipan blau, gelb und grün färben.

Den Elefantenkopf nach der Beschreibung auf Seite 22 arbeiten.

Aus braunem Marzipan zwei Elefantenohren herstellen.

Den Hunde- und den Katzenkopf nach den Anleitungen auf Seite 19 bzw. Seite 21 formen.

Aus dem restlichen braunen Marzipan kleine Kugeln für die Nasen formen und in den Gesichtern platzieren.

Die Köpfe auf den Körpern befestigen.

Nun die Hüte formen und den Tieren aufsetzen.

Aus Zuckerguss die Augen gestalten.

Zirkustiere

Taucher mit Fischen und Meeresfrüchten

Für Kopf und Hände des Tauchers Marzipanmasse rosa färben.
Für Taucherbrille und Gürtel eine kleine Menge Marzipan gelb und den Rest dunkelblau färben.
Mit Hilfe eines Brettchens einen gleichmäßigen Stab rollen.
Mit einer Schere den Stab an beiden Enden einschneiden und daraus eine liegende Figur formen.
Mit den Fingern die Schwimmflossen modellieren und die Armbewegung herausarbeiten.
Hände und Kopf formen und am Körper befestigen.
Aus dem gelbem Marzipan Taucherbrille und Gürtel formen und an Kopf und Taille der Figur befestigen.
Mit Zuckerguss weiter verzieren.
Fisch- und Meeresfrüchteförmchen vollständig mit Marzipan füllen, die fertigen Tierchen mit Farbe gestalten.

Sonnenanbeter

Für das Bikinioberteil ein wenig Marzipan ungefärbt lassen.
Für den Körper Marzipanmasse rosa und für die Haare gelb färben.
Aus zwei Dritteln der rosa Masse einen Körper formen und diesen in den Liegestuhl setzen.
Aus zwei Kugeln die Brüste formen und schön platzieren.
Für den Kopf eine glatte Kugel formen und diese auf den Körper setzen.
Das Gesicht mit einem Messer gestalten.
Das gelbe Marzipan durch eine Knoblauchpresse drücken und daraus das Haar modellieren.
Das ungefärbte Marzipan dünn ausrollen, daraus ein Bikinioberteil schneidern und die Figur damit bekleiden.
Für das Kind in bewährter Manier ebenfalls Körper, Kopf sowie Nase und Mund aus rosa Marzipan formen, gelbes Marzipan für das Haar durch die Knoblauchpresse drücken und Augen aus Zuckerguss anfertigen.

Strand-häuschen

Für die Häuser und Dächer eine ausreichende Menge Marzipan blau, rot und braun färben.
Blaues, rotes und ungefärbtes Marzipan zu gleichmäßigen Stücken ausrollen.
Die Stücke farblich abwechselnd aufeinanderlegen und leicht zusammendrücken.
Mit einem scharfen Messer Blöcke mit Spitzgiebel ausschneiden.
Das braune Marzipan ausrollen und daraus mit einem scharfen Messer die Dächer schneiden.
Jedes Haus mit einem Dach bedecken.
Mit einer scharfen Messerspitze die Türen einschneiden.

Sinterklaas und Piet

In Belgien/den Niederlanden ist das Fest des Sinterklaas (Nikolaus) wichtiger als Weihnachten. Sinterklaas kommt mit dem Schiff und hat als Gehilfen einen oder mehrere Mohren, zwarte Piet(en), bei sich.

Beide Figuren werden um einen eiförmigen Kern aus Schokolade oder Marzipan gefertigt.

Für den Kopf des Sinterklaas Marzipan rosa färben und etwas davon für die Hände und Piets Lippen beiseitelegen. Aus dem Rest eine gleichmäßige Kugel formen.

Marzipan für Untergewand, Jacke und Arme des Sinterklaas rot färben, etwas davon für Details am Gehilfen Piet beiseitelegen.

Marzipan für das Untergewand und die Jacke ausrollen und zuschneiden.

Um den Kern drapieren, dann die Arme anfügen.

Aus rosa Marzipan Sinterklaas' Hände formen und ebenfalls platzieren.

Die Augen und den Bart des Sinterklaas mit Zuckerguss gestalten und der Figur eine Bischofsmütze aus Papier aufsetzen.

Für Piet Marzipan braun färben und die Figur auf die beschriebene Weise anfertigen.

Braune Ohren, eine rosa Nase, einen roten Mund und eine rote Mütze formen.

Die Kopfbedeckung mit Federn schmücken und beide Figuren mit Füßen aus Zuckermandeln versehen.

Für die Silvesternacht

Die Figur wird um einen eiförmigen Kern aus Schokolade gefertigt.

Für die Jacke und die Arme Marzipanmasse braun färben.

Für die Hände ein wenig Marzipan rosa färben.

Für den Kopf eine große gleichmäßige Kugel rollen, Nase und Wangen mit kleinen Kugeln gestalten.

Den Kopf auf dem Kern befestigen.

Das Marzipan für die Jacke ausrollen, um den Kern drapieren, dann braune Arme und rosa Hände formen.

Das Gesicht mit Zuckerguss und roter Farbe weiter verzieren und die Figur mit Hut, Stock und Flasche vervollständigen.

Etwas ungefärbtes Marzipan ausrollen und daraus einen Streifen für den Schal zurechtschneiden.

Jeder dieser Weihnachtsmänner wird um einen eiförmigen Schokoladenkern herum gestaltet.
Für Arme, Jacke und Mütze Marzipanmasse rot färben.
Eine ebenmäßige Kugel für den Kopf rollen und mit kleinen Kügelchen Wangen und Nase bilden.
Den Kopf auf dem Kern befestigen.
Rot gefärbtes Marzipan für Jacke und Mütze ausrollen, drapieren und aus dem Rest die Arme formen.
Die Augen und den Bart aus Zuckerguss fertigen und das Gesicht mit Farbe gestalten.

Weihnachtsmänner

Kerzen

Aus Puffreis und Schokolade wie auf Seite 24 beschrieben einen Sockel herstellen und fest werden lassen.
Aus einem aufrecht stehenden Marzipanquader eine Kerze modellieren und auf dem Sockel befestigen.
Als Kerzenflamme eine Mandel aufstecken.
Jede Kerze mit Zuckerguss und Farbe verzieren.

Engelchor

Marzipan für die Köpfe rosa und für das Haar gelb färben.
Vier Kugeln mit Spitze herstellen und unten platt drücken, damit sie wie Kegel stehen bleiben.
Für die Umhänge Marzipan ausrollen und vier Ovale ausschneiden.
Die Umhänge um die Kegel drapieren.
Vier gleichmäßige Kugeln für die Köpfe rollen und mit kleinen Kugeln für Münder und Nasen verzieren.
Die Hände formen und an den Körpern befestigen.
Aus dem ausgerollten gelben Marzipan das Haar modellieren und die Köpfe damit frisieren.
Mit einem Modellierstab oder mit Zuckerguss die Augen gestalten.

Vier singende Engel

Zum Muttertag

Nach der Beschreibung auf Seite 24 einen Sockel aus Puffreis und Schokolade herstellen und fest werden lassen.
Zwei halbe Schokoladentropfen oder Eihälften an der Hohlseite mit flüssiger Schokolade zusammenkleben und fest werden lassen.
Die Tropfen- oder Eiform auf dem Sockel anbringen und fest werden lassen.
Ein Drittel der Marzipanmasse grün färben.
Das restliche Marzipan in drei Portionen für die Blütenblätter aufteilen und unterschiedlich färben.
Das Marzipan ausrollen und mit einem scharfen Messer Blätter und Blüten ausschneiden.
Diese mit etwas flüssiger Schokolade zusammenfügen und an der Schokoladenform befestigen.
Mit bunten Schokolinsen verzieren.

Das Marzipan für Kopf und Hände rosa färben.

Marzipan für die Beine braun, für den Oberkörper rot oder grün und für die Haare – nur eine kleine Menge – gelb färben.

Aus dem braunen Marzipan einen halben Körper formen.

Aus dem Marzipan für den Oberkörper die zweite Körperhälfte formen und beide Hälften fest zusammenfügen.

Die so entstandene Figur auf einem Flaschenhals platzieren.

Aus dem rosafarbenen Marzipan Kopf und Hände formen und an der Figur befestigen.

Das Marzipan für die Haare durch eine Knoblauchpresse drücken und auf dem Kopf drapieren.

Die zweite Figur bekommt einen Haarkranz, ihre Glatze verschwindet unter einem Hut.

Die Augen mit dem Modellierstab oder mit Zuckerguss gestalten.

Die Füße werden von Zuckermandeln gebildet.

Zum Vatertag

Krokodil

Aus Puffreis und Schokolade einen Sockel herstellen und fest werden lassen (siehe Seite 24).
Für die Tulpenblüten Marzipanmasse gelb und rot färben.
Das restliche Marzipan grün färben.
Das gelbe und das rote Marzipan zu Kugeln mit Spitze formen wie auf Seite 23 beschrieben.
Aus grünem Marzipan zwei Kugeln mit Spitze für die Blätter formen und auf den Sockel setzen.
Die Blüten und Blätter mit einem Zahnstocher zusammensetzen.
Für das Krokodil eine lange Rolle mit spitz zulaufenden Enden formen.
Zwei Hinterbeine formen und am Körper befestigen.
Die Figur auf den Sockel setzen und den Schwanz zur Seite drehen, damit die Standfläche größer wird.
Die Spitze für den Kopf etwas nach unten in die Waagerechte biegen und mit einer Schere das Maul einschneiden.
Zwei kleinere Vorderbeine formen und ansetzen.
Nase und Augenbrauen bestehen aus Marzipankügelchen, die Augen aus Zuckerguss.
Einen schmalen Streifen aus grünem Marzipan mit Einkerbungen versehen und auf dem Rücken des Krokodils anbringen.

Echse

Aus Puffreis und Schokolade einen Sockel herstellen (siehe Seite 24) und fest werden lassen.
Für den Rumpf eine ausreichende Menge Marzipan hellblau färben.
Für die Beine etwas Marzipan braun und für die Ohren rosa färben.
Das blaue Marzipan zu einem Stab rollen und am Schwanzende spitz zulaufen lassen.
Die Rolle zwischen beiden Händen etwas flach drücken.
Mit einer spitzen Schere am Rücken kleine Stacheln einschneiden und das Tierchen fest auf den Sockel setzen.
Das Kopfende glätten und aus dem braunen Marzipan die Beine formen.
Die Beine am Körper ansetzen.
Aus dem rosafarbenen Marzipan zwei Kugeln formen, diese zwischen Daumen und Zeigefinger leicht eindrücken und fest an den Kopf setzen.
Den Kopf mit einem kleinen Stachel und einer Nase aus dem braunen Marzipanrest verzieren.
Mund und Augen mit Zuckerguss ausmalen.

Brontosaurus

Aus Puffreis und Schokolade einen Sockel anfertigen (siehe Seite 24) und fest werden lassen.
Eine ausreichende Menge Marzipan hellbraun färben.
Daraus einen Körper mit Schwanz und Kopf formen.
Die Vorder- und Hinterbeine formen und fest am Körper ansetzen.
Die Figur gut ausbalanciert auf den Sockel setzen.
Mit einem Messer das Maul einschneiden und mit Zuckerguss die Augen gestalten.

Stegosaurus

Aus Puffreis und Schokolade einen Sockel herstellen (siehe Seite 24) und fest werden lassen.
Eine ausreichende Menge Marzipan zart violett färben.
Für die Stacheln etwas Marzipan gelb färben.
Einen Körper mit Kopf und Schwanz formen wie auf Seite 16 beschrieben.
Die Hinter- und die Vorderbeine formen und am Körper ansetzen.
Die Figur ausbalanciert fest auf den Sockel setzen.
Mit einem Messer das Maul einkerben und mit Zuckerguss die Augen gestalten.
Das gelbe Marzipan zu einem langen, flachen Streifen ausrollen, mit dem Messer an einer Seite Spitzen einschneiden und den Streifen auf dem Rücken des Stegosaurus befestigen.

Gespenster

Soll das Gespenst ganz weiß sein, kann man gut mit Pastillage arbeiten, doch auch mit ungefärbtem Marzipan lässt es sich gut herumgeistern. Pastillage gibt es gebrauchsfertig in Fachgeschäften zu kaufen.

Für das „Gerüst“ einer jeden Gespensterfigur eine Marzipankugel (wegen der runden Kopfform) auf einen eiförmigen Marzipankern setzen.
Mit einem Zahnstocher den Kopf gut auf dem Rumpf befestigen.
Die Pastillage oder das Marzipan 5 mm dick ausrollen. Mit einer runden Ausstechform und einem scharfen Messer Kreise ausschneiden und auf dem „Gerüst“ drapieren.
Mit einem spitzen Modellierstäbchen Augen und Mund einkerben und mit geschwärztem Zuckerguss nachziehen.
Zum Schluss jede Figur mit einer Spinne verzieren.

Kürbisfiguren

Für die Kürbisköpfe und einen Körper genügend Marzipanmasse gelb, für vier Körper und eine Jacke braun, für eine Jacke schwarz und für die restlichen drei Jacken grün färben.
Für den Schal ein wenig Marzipan ungefärbt lassen.
Für die Hände etwas Marzipan rosa und für die Nasen eine kleine Menge rot färben.
Für die Körper vier Kugeln mit Spitze aus braunem und eine aus gelbem Marzipan fertigen und an der Unterseite platt drücken, damit sie aufrecht stehen.
Braunes Marzipan für eine Jacke ausrollen und daraus ein Oval ausschneiden, ebenso mit dem schwarzen Marzipan verfahren.
Die Ovale um zwei braune Kegel drapieren.
Drei grüne Jacken anfertigen und um die restlichen Kegel legen.
Aus dem ungefärbten Marzipan einen Streifen als Schal für die Figur mit der schwarzen Jacke herstellen.
Für die Köpfe fünf gleichmäßige Kugeln aus gelbem Marzipan rollen, etwas platt drücken und mit einem Stäbchen längs einkerben.
Die Kürbisstiele modellieren und fest auf die Köpfe setzen.
Mit einem feinen Pinsel grün bemalen.
Für die Nasen aus rotem Marzipan kleine Kugeln rollen und in die Gesichter setzen.
Die Augen mit Zuckerguss gestalten.
Aus dem rosa Marzipan die Hände formen und an die Körper setzen.
Für die Füße eventuell Zuckermandeln nehmen.

Hexe und Zauberer

Marzipanmasse für zwei Körper dunkelbraun, für die Jacke und die Haare des Zauberers sowie für die Hüte schwarz, für die Hexenjacke hellbraun sowie für die Köpfe und Hände rosa färben.
Etwas Marzipan für das blonde Hexenhaar und die Kürbisse gelb färben. Für hellen den Überwurf des Zauberers etwas Marzipan ungefärbt lassen.
Aus dunkelbraunem Marzipan zwei Kegel für die Körper formen.
Das Marzipan für die Jacken ausrollen und um die Kegel drapieren; auf die gleiche Weise den Überwurf aus ungefärbtem Marzipan herstellen.
Aus rosa Marzipan zwei Kugeln für die Köpfe formen und die Kinnpartie der Figuren modellieren.
Ebenfalls aus rosa Marzipan kleine Kugeln für Nasen und Warzen rollen und im Gesicht platzieren.
Nasen und Warzen mit einem feinen Pinsel und Farbe in den entsprechenden Tönen bemalen.
Die Hände formen und befestigen.
Gelbes bzw. schwarzes Marzipan für das Haar durch die Knoblauchpresse drücken und auf den Köpfen drapieren. Aus schwarzem Marzipan zwei Hüte formen und aufsetzen.
Die Figuren mit den erforderlichen Accessoires verzieren.
Aus gelbem Marzipan Kürbisse rollen, etwas flach drücken und mit einem Modellierstab längs einkerben.
Für die Stiele einen langen, dünnen Marzipanstab rollen, in Stücke schneiden und diese auf die Kürbisse setzen.
Die Stiele mit einem Pinsel grün anmalen.

Impressum

Deutsche Erstausgabe © 2008 Verlagsgruppe Weltbild GmbH,
Steinerne Furt, 86167 Augsburg
Die Originalausgabe dieses Buches ist 2007 unter dem Titel »Marsepein«
bei Uitgeverij Lannoo nv, Thielt, erschienen.
© Uitgeverij Lannoo nv, Thielt, 2007

Rezepte: Guido Jans
Fotografie: Michel De Meyer

Umschlaggestaltung: Christian Martin Weiß
Gesamtherstellung: Offizin Andersen Nexö Leipzig GmbH, Zwenkau
Printed in the EU

ISBN 978-3-8289-1311-0

2011 2010 2009 2008
Die letzte Jahreszahl gibt die aktuelle Lizenzausgabe an.

Alle Rechte vorbehalten.

Einkaufen im Internet:
www.weltbild.de